"*Pages actuelles*"
1914-1917

L'Église de France durant la guerre

(Août 1914 — Décembre 1916)

PAR

Georges GOYAU

Ce n'est pas assez de pleurer les maux de ses concitoyens et de son pays, il faut exposer sa vie pour les servir.

(BOSSUET, *Politique tirée de l'Ecriture Sainte*, I, 6, 1.)

BLOUD et GAY, Editeurs

PARIS — BARCELONE

L'Église de France

durant la guerre

"*Pages actuelles*"
1914-1917

L'Église de France durant la guerre

(Août 1914 — Décembre 1916)

PAR

Georges GOYAU

> Ce n'est pas assez de pleurer les
> maux de ses concitoyens et de
> son pays, il faut exposer sa vie
> pour les servir.
> (BOSSUET, *Politique tirée de
> l'Ecriture Sainte*, I, 6, 1.)

BLOUD & GAY
Editeurs
PARIS, 3, Rue Garancière
Calle del Bruch, 35, BARCELONE
Tous droits réservés
—
1917

AVANT-PROPOS

Ces pages ont paru dans la Revue des Deux Mondes *du 1ᵉʳ décembre 1916. Nous remercions les bienveillances cardinalices et épiscopales qui ont mis à notre disposition les documents nécessaires : quelques-uns de ces documents, signés de Son Em. le cardinal Amette, de S. G. Mgr Mignot, ont été réimprimés par la librairie Bloud, dans la collection des* Pages actuelles. *D'obligeantes communications du Secrétariat Général des Filles de la Charité nous ont permis d'illustrer, par des citations de ses lettres, l'admirable dévouement de sœur Gabrielle Rosnet.*

Parmi les livres ou publications auxquels nous sommes spécialement redevables, nous tenons à citer : la précieuse collection de la Grande Guerre, *que la Maison de la Bonne Presse enrichit mensuellement d'un nouveau fascicule ; les conférences de S. G. Mgr Marbeau et de S. G. Mgr Lobbedey, reproduites par la* Revue Hebdomadaire *des 27 février 1915 et 11 mars 1916 ; les volumes collectifs sur la* Guerre en Champagne *et la* Guerre en Artois (Paris, Téqui), *dus à l'impulsion de S. G. Mgr Tissier et de S. G. Mgr Lobbedey ;* La Guerre en Picardie, *de M. l'abbé Calippe (Paris, Téqui) ;* Les Barbares à la Trouée des Vosges, *de M. Colin (Paris, Bloud) ; le* Journal d'un Bourgeois de Senlis, *de M. Henri de Noussanne ; la série de fascicules sur le clergé et la guerre de 1914, qu'a publiés à la librairie Bloud S. G. Mgr Lacroix ; le volume de Paul Delay (Paris, Bloud) sur* Les Catho-

1

liques au service de la France (Paris, Versailles, Meaux).

Dans le Correspondant du 25 janvier 1917, M. Pierre de la Gorce vient de consacrer un émouvant article à la mort héroïque des deux frères de Gailhard-Bancel, dont l'un était un novice jésuite : « Je me suis offert à Dieu, écrivait ce novice quelque temps avant la guerre, pour mourir a la place de quelqu'un de mes frères, qui ferait ici-bas plus que moi pour la gloire de Dieu et le salut des âmes. » Et le matin de sa mort il notait : « Ce matin à la communion je me suis préparé au grand passage. »

C'est en méditant de tels messages d'âme, c'est en s'attardant sur les recueils de lettres de prêtres, publiés chez Plon par M. l'abbé Léonce de Grandmaison et chez Payot par M. Victor Bucaille, que l'on comprendra cette nuance spéciale d'héroïsme sacerdotal à laquelle viennent de rendre hommage, à la tribune du Sénat, M. le sénateur Chéron et M. le général Lyautey.

« Je m'associe, déclarait celui-ci dans la séance du 17 février 1917, au témoignage rendu par M. Chéron à ces ecclésiastiques qui ont si largement payé leur dette à la patrie. En service aux armées, comme brancardiers ou aumôniers, nos statistiques disent quel pourcentage ils ont donné de morts, de blessures et de citations. »

Nous n'aspirons à rien de plus, dans les pages qui suivent, qu'à donner aux paroles de M. le Ministre de la Guerre un commentaire appuyé sur des faits.

G. G.

20 février 1917.

L'Église de France durant la guerre

« Le catholicisme survit en France, sinon comme une loi religieuse fidèlement observée par tous, au moins comme un statut social dont bien peu se sont départis. » C'est Waldeck-Rousseau qui tenait ce langage, en 1903, dans un discours au Sénat. Il énonçait ainsi l'exacte vérité ; et ces simples mots rendaient un hommage à ce que représente l'Église de France dans l'atmosphère morale du pays. Quelle que soit la tiédeur de beaucoup de populations, quelque indifférentes que parfois elles puissent être aux conséquences religieuses de leurs votes, un certain nombre de Français écoutent l'Église comme une institutrice de bonne vie, un très grand nombre la convoquent comme une garante de bonne mort.

Et, près de ceux-ci comme de ceux-là, l'Église tout de suite est la bienvenue, lorsque sonne une heure comme celle de la guerre, où la bonne vie doit s'exalter jusqu'à l'héroïsme, où la mort est constamment proche. Dans le double mouvement par lequel les âmes se rapprochent de l'Église, par lequel l'Église se rapproche des âmes, se déchaîne alors une force d'élan qui balaie les malentendus, fait taire les susceptibilités et, pour un instant au moins, rend à la vieille Église un persuasif ascendant. Voilà vingt-huit mois que l'Église de France met cet ascendant au service de la France.

Au surplus, si nous remontons au début de notre histoire, à cette époque où l'épiscopat gallo-romain sut fondre dans un même creuset, pour en faire la France, la civilisation romaine et l'apport barbare, nous constatons entre l'Église et la nationalité française une sorte de filiation, unique peut-être dans l'histoire des peuples ; et l'on pourrait dire, strictement, qu'il y eut une Église de France avant qu'il n'y eût une France, et que ce fut cette Église qui, du chaos des invasions, dégagea les traits de la France.

Les impulsions d'un lointain passé, la confiance survivante des âmes contemporaines appelaient l'Église de France, en 1914, à prendre conscience, tout de suite, du rôle qu'elle avait à jouer. Elle le joua, simultanément, sur le front et dans le pays. Elle fut prompte aux sacrifices que les lois commandaient ; elle fut toujours alerte, toujours en éveil, pour suivre les suggestions de son patriotisme et de son esprit de charité.

Les autres confessions religieuses ont, elles aussi, — nous tenons à honneur de le dire, — exposé sur les champs de bataille la vie de leurs ministres ; elles ont voulu, elles aussi, offrir aux âmes de leurs fidèles une nourriture spirituelle qui les mît à la hauteur de tous leurs devoirs. L'Église réformée évangélique et l'Église luthérienne de France ont mobilisé comme aumôniers, comme brancardiers, comme combattants, 186 pasteurs sur 490 ; c'est pour elles une douleur et une fierté d'avoir, d'ores et déjà, donné à la France le sang de cinq d'entre eux. Quant à la confession israélite, qui a envoyé aux armées les huit étudiants de son séminaire et plus des trois cinquièmes de ses ministres, elle compte déjà, parmi les trente et un rabbins mobilisés, deux tués et un disparu. Lorque, après la guerre, ces diverses Églises, dressant leur martyrologe, l'illustreront d'épisodes héroïques, des témoins catholiques surgiront pour en glorifier l'éclat.

« C'est notre modèle à tous », disait du pasteur de Richemond, mortellement blessé comme aumônier d'un régiment colonial, son collègue catholique ; et tous les habitants de Lunéville, sans distinction de croyances, ont admiré, au début de la guerre, la courageuse attitude du pasteur Pannier. Les hommages que rendent volontiers les catholiques à la vaillance de leurs « frères séparés » ne sont pas de purs gestes de courtoisie ; c'est le perpétuel souci de l'Église d'affirmer l'efficacité morale de certaines notions métaphysiques qui lui sont communes avec les autres confessions ; elle n'atténue rien de son *Credo*, mais tout au contraire elle le confirme, lorsqu'elle constate, avec une allégresse de logicienne, que des âmes qui ont des points d'attache avec l'au-delà trouvent, dans ces points d'attache mêmes, une impulsion pour la vie, et pour la mort aussi. La presse catholique tout entière s'est inclinée avec une déférence émue devant le rabbin Bloch, de Lyon, frappé mortellement à l'instant où il venait de faire à un blessé qui se mourait la plus précieuse aumône spirituelle, en lui tendant un crucifix à baiser.

Parmi l'émulation des générosités et des courages, la prépondérance numérique de la confession catholique assure aux démarches de l'Église de France, à ses leçons, aux exemples qu'elle donne, une répercussion plus vaste, une portée plus décisive. Il convient d'en esquisser en quelques pages l'émouvante histoire.

I

Le dernier jour de juillet 1914 mit la France entière en branle. L'Église, depuis un demi-siècle, gémissait sur la disette des vocations ; elle la déplorait comme un « grand péril ». Les effectifs sacerdotaux étaient déjà fort réduits ; la mobilisation allait y faire des brèches, que la mort, peut-être, rendrait irréparables. L'Église cependant répondit par un *Fiat voluntas* à l'appel national. Les armées ou les ambulances lui demandaient un tiers à peu près de ses prêtres : elle les donna. Elle se mit à la gêne, comme toutes les organisations du pays. Il y eut aux environs de Reims tel doyenné où il ne restait que le doyen ; un prêtre de ce diocèse fut, pendant tout un hiver, chargé à lui seul du soin de neuf paroisses. A Paris, le curé de Sainte-Marguerite, pasteur de 100.000 habitants, fut bientôt seul avec deux vicaires, les neuf autres prêtres étant partis. Les sacrifices du diocèse de Paris furent d'ailleurs étrangement lourds : à la date du 15 mars 1916, il devait compter 662 prêtres et séminaristes mobilisés, dont 386 dans la zone des armées ; et le chiffre des victimes est à l'heure actuelle de 45 prêtres, dont 40 ont succombé comme combattants et 5 comme aumôniers. Le cardinal Sevin, archevêque de Lyon, appela les laïques à la rescousse, pour qu'ils suppléassent aux apostoliques besognes d'un clergé décimé. On vit les évêques eux-mêmes, dans certaines régions, faire office de curés ; il en fut un qui, chaque dimanche matin, desservait deux paroisses que huit kilomètres séparaient ; un autre s'installait dans un confessionnal de vicaire pour maintenir à proximité d'une population nombreuse le signe du pardon divin. Le sourire longuement attristé, — sourire suprême peut-être, — que jetaient à leurs clochers les prêtres en partance, s'illuminait d'un peu de sécurité confiante lorsqu'ils pouvaient pressentir qu'à l'ombre de ce clocher, pour le service de leurs ouailles, d'autres bonnes volontés se prodigueraient. Et le sourire s'éteignait, à mesure que sur l'horizon le clocher s'atténuait. C'est à leur besogne d'ambulanciers, à leur besogne de soldats, que désormais s'attachait leur pensée. Quelques-uns de leurs aînés, déjà promus à la dignité épiscopale, suivaient, eux aussi, en dépit de leur ceinture violette, l'ordre commun de mobilisation : Mgr Ruch, coadjuteur de Nancy ; Mgr Perros et Mgr Moury, vicaires apostoliques ; et plus tard Mgr Liobet, évêque de Gap.

A nos frontières, des groupes de religieux se présentaient. Une loi, naguère, les avait mis en demeure d'opter entre la jouissance du sol natal et leur idéal d'une vie en commun ; ils avaient préféré leur idéal, ils s'étaient expatriés. Ils rentraient sur l'intimation d'une autre loi, pour servir et, s'il le fallait, mourir. Leurs supérieurs ecclésiastiques les poussaient à « fournir au pays leur part de sacrifice » : c'étaient là les termes exacts de la consigne donnée par Mgr Jarosseau, vicaire apostolique des Gallas, aux Capucins de son vicariat. D'aucuns, libérés par leur âge, revenaient néanmoins : tel ce P. Maingot, oblat de Marie, missionnaire au Natal, qui, ayant dépassé la cinquantaine, s'offrait comme ambulancier, comme interprète, et qui, décoré de la croix de guerre, recevait les félicitations publiques de M. Léon Bourgeois.

Onze novices assomptionnistes, surpris en Luxembourg par l'invasion allemande, s'affublaient de vêtements civils, gagnaient à pied la Belgique, furtivement, et puis obliquaient vers la frontière française, à destination de leur caserne. « Maintenant la République ne trouvera pas que vous êtes de trop », leur disait, sur notre sol, le premier maire qui les accueillait. Les Dominicains de la province de France envoyaient aux armées quatre-vingt-deux des leurs, dont quarante-quatre novices : onze déjà ont été tués. Les Jésuites, prenant sur les lois qui les avaient frappés la plus charitable et la plus héroïque des revanches, se présentaient aux armées, non point seulement au nom de l'obéissance, mais avec un besoin d'offrande, avec un désir d'immolation, qui devait leur coûter, durant les vingt-sept premiers mois de la guerre, cent dix victimes environ.

Les prêtres des plus anciennes classes servaient généralement dans les hôpitaux, dans les ambulances ou dans les trains sanitaires; plus jeunes, en vertu des lois de 1906 et 1913, ils portaient le fusil. Des immunités canoniques existaient, qui libéraient le prêtre du métier des armes; elles étaient moins un privilège que la sanction de l'obligation pesant sur tout ministre de l'Évangile d'être un homme de paix. Mais l'Église accepta, comme une situation de fait, l'abrogation de ces immunités par les lois de l'État, et sans autoriser ses clercs à prendre *volontairement* les armes, parce que, « représentants du Christ sur la terre, ils doivent être, comme lui, des modèles de douceur », elle les autorisa, — d'une autorisation qui était un geste, — à remplir les devoirs militaires que les lois leur imposaient. Les plus âgés, tendant leurs bras sous le poids des brancards ou leur dos sous le poids des blessés, n'eurent à verser que leur propre sang; les plus jeunes, baïonnette au canon, eurent à verser aussi le sang de l'ennemi. L'Église préférait la destinée des premiers. « Y a-t-il moins de générosité, demandait le cardinal Sevin, à mourir le bras désarmé, sans se défendre, qu'à succomber les armes à la main? » Mais après avoir maintenu que théoriquement l'immunité des clercs est supérieure à toutes les règles humaines, le cardinal disait à ses diocésains : « Il en coûtait aux prêtres, en cet âge où la foi diminue et où ses prescriptions ne sont plus comprises que d'un petit nombre, il leur en coûtait de vous laisser seuls soutenir le poids du combat. Vous les avez jetés dans la mêlée;

vous verrez qu'ils y soutiendront dignement l'honneur de l'Église et le drapeau de la France. »

La Pénitencerie maintenait, en principe, que le prêtre qui blesse, que le prêtre qui tue, encourt une « irrégularité » canonique incompatible avec l'administration des sacrements et la célébration de la messe, et qu'après la guerre il devrait recourir à l'autorité compétente pour s'en faire relever. Mais, tant que dureraient les opérations militaires, la Pénitencerie suspendait les effets de cette irrégularité, en permettant au prêtre-soldat de faire office de prêtre. Les consciences sacerdotales étaient dès lors à l'aise, — à l'aise pour se dévouer. « Votre paroisse aujourd'hui, expliquait aux ecclésiastiques de Reims le cardinal Luçon, c'est le régiment, c'est la tranchée, c'est l'ambulance, c'est le cantonnement, c'est le train sanitaire, c'est le dépôt ; aimez-la. Donnez-vous à elle comme à celle que vous avez quittée ; sans cesser d'aimer celle-ci, consacrez-vous à faire du bien à celle-là, avec toute votre foi, avec tout votre cœur... Vous y resterez peut-être. Et nos soldats n'y restent-ils pas ? Ne convient-il pas que la phalange sacerdotale, elle aussi, donne de son sang pour la patrie ? » — « Donnez à vos frères d'armes, insistait de son côté le cardinal Amette, l'exemple d'une constance que rien n'ébranle ni ne lasse. »

On avait, de longues années durant, cherché des méthodes nouvelles, — ou bien anciennes, très anciennes, — pour rétablir le contact entre le prêtre et le peuple ; mais l'Etat, d'avance, sans le vouloir peut-être, avait concerté la plus admirable des méthodes: la mobilisation. « Loin de nous plaindre aujourd'hui de cette violence faite à toutes nos traditions, déclarait le cardinal de Cabrières, nous y voyons une intention providentielle qui mêle plus intimement tous les éléments de la société contemporaine. » La formule : *Le prêtre dans sa sacristie*, et la formule : *Les curés sac au dos*, étaient les fruits du même esprit et s'attardaient sur les mêmes lèvres ; mais les hommes proposent et Dieu dispose ; entre les deux programmes de vie qui découlent de ces deux mots d'ordre, il y a contradiction. La première formule isolait le prêtre du peuple, mais la seconde, au contraire, l'y replongeait ; elle inaugurait, quoi qu'on voulût, suivant les mots d'un prêtre du diocèse de Valence, une « camaraderie très spéciale et très savoureuse entre le prêtre et le peuple ».

A la base de cette camaraderie, il y a de la gaieté : personne autant que le prêtre ne rit du danger ; la paix de l'âme fait joyeux visage à la mort. « Nous voilà baptisés, il ne manque plus que la confirmation », écrit un missionnaire d'Afrique qui vient de faire connaissance avec les marmites. Un vicaire blessé veut revenir au front pour « faire expier aux Boches l'insulte qu'ils ont faite à son bras » ; un Jésuite éborgné parle de son « locataire Vise à droite, faisant fonction d'œil droit, tombé au champ d'honneur », et s'écrie avec entrain : « J'ai fait les choses gaillardement, en Jésuite. »

A la longue, et parfois tout de suite, ces prêtres qui se battent prennent goût au métier nouveau. « Je ne donnerais pas ma place pour tout au monde », note un curé du diocèse de Nevers, qui a le grade de sergent. Tel autre demande des prières « pour qu'une âme guerrière se forme » en lui. « Le général de brigade me trouve le plus poilu de tous les poilus », raconte fièrement un lieutenant Jésuite. On a vu des prêtres, au dépôt, devancer leur tour de départ, afin de remplacer des pères de familles nombreuses ; on en a vu, sur le front, s'offrir pour des missions périlleuses, aux lieu et place des soldats commandés ; l'attrait du joyeux sacrifice prend ici la saveur d'un acte de charité.

D'aucuns, à vrai dire, sont déconcertés tout d'abord par cette vie nouvelle, et par le langage, et par les allures des camarades : tel ce Père Eudiste, maréchal des logis d'artillerie, qui nous confesse en toute franchise :

Tout fraîchement débarqué de Colombie, les apparences me choquèrent quelque peu. Là-bas, le paysan a par atavisme et par éducation un langage foncièrement chrétien... J'étais bien exposé à prendre trop au sérieux des paroles qui pouvaient me sembler des reliefs d'opinions anticléricales, antipatriotiques et autres. Je n'ai pas tardé à m'apercevoir que mes braves servants valaient infiniment mieux que leurs paroles. Même remarque au point de vue religieux ; un peu d'observation attentive, et sous les boutades et les critiques se découvre le chrétien.

Mais lorsque la proximité du peuple a fait ainsi découvrir au prêtre ce christianisme subconscient qui survit au fond de l'âme française, et qui, lors même qu'il n'éclaire plus les intelligences, suscite encore les sacrifices, alors la tranchée se révèle soudainement aux plus timides des prêtres comme un champ d'action ; et leur temps de service, suivant l'expression du cardinal de Cabrières, leur apparaît comme « un temps de mission ». « Mourir après avoir ouvert le ciel à une âme, dit l'un d'eux, c'est la mort que nous rêvons tous, si Dieu nous appelle ». Le rêve s'accomplit, pour le Jésuite Pierre de Daran, avec une plénitude inespérée ; ayant quitté sa mission de Madagascar pour être attaché comme adjudant à un régiment colonial, il se trouva sur *La Provence* au moment où elle coulait : restant jusqu'au bout sur le vaisseau qui périssait, il aida tous ses camarades à mourir, et puis il mourut. Le bien des âmes ramène certains prêtres au front avant que leur permission ne soit expirée. « Pourquoi suis-je prêtre ? écrit l'un d'entre eux. Est-ce que jamais je trouverai une occasion de faire du bien comme celle que j'ai ? Songez que j'ai vu toute ma compagnie à genoux pour recevoir l'absolution avant l'attaque. »

De Gironde, Jésuite, ordonné prêtre le 2 août 1914, et parti le soir même pour les armées, n'obsède ses chefs que pour retourner sans cesse à la ligne de feu : « Raison de mes démarches, écrit-il : l'exemple à donner par un prêtre. » Il sait que l'exemple qu'il donnera aura une répercussion sur les consciences, et que certains jugeront du Christ d'après la conduite que tiendra son serviteur de Gironde. Et qu'il s'agisse d'aller au milieu des balles, près des tranchées de première ligne, panser les camarades blessés, de les charger sur son dos, pour les ramener à l'arrière, ou bien de s'offrir comme patrouilleur pour explorer un bois où peut-être les Allemands sont encore terrés, on sent en lui l'acceptation tranquille, et presque familière, d'une mort qu'il sait être certaine. « Vous allez faire un gradé épatant, » lui dit un jour un capitaine. Et le caporal de Gironde répond d'une voix douce : « Oh ! je serai tué ! » Effectivement, devenu officier, il meurt à Ypres, assistant un blessé. Son action sur les hommes tenait du prodige : « Ah ! de Gironde, disaient-ils, c'est plus qu'un homme, c'est un héros. Jamais on ne saura ce qu'il a fait pour nous. »

Est-ce le subit essor d'une âme guerrière, est-ce le désir de montrer aux hommes le courage d'une âme chrétienne, qui pousse le Lazariste Barbet, caporal brancardier, — « le curé du 4ᵉ zouaves », comme on l'appelait, — à s'élancer à l'assaut d'une tranchée, sans autre arme que son crucifix, et à rallier ainsi les combattants qui fléchissaient ? Un Jésuite, le lieutenant Rivet, professeur à l'Université grégorienne de Rome, stimule ses troupes, au début de l'attaque qui lui coûtera la vie, en leur disant : « Mes enfants, il faut que demain matin je dise ma messe à Douai. » Et ses légionnaires le suivent à l'escalade de la redoute allemande, comme, quelques jours plus tôt, ils entouraient son confessionnal improvisé. « De cette confession et de ce confesseur, écrit un légionnaire, je me souviendrai toute la vie. Quelle douceur, quelle admirable manière de comprendre la vie humaine ! » Son geste de pardon, qui faisait courber les fronts, son geste d'entraînement, qui mobilise les courages, sont pareillement admirés, pareillement aimés, comme deux gestes jumeaux.

D'avance, le prêtre accepte la mort, en demandant que son sacrifice soit efficace pour les autres, pour ceux qui resteront. « Notre âme, écrivait, peu de temps avant d'être tué, le jeune frère Ambroise Soudé, Dominicain, sera seule au monde à connaître le ravin où nous aurons roulé. Mais qu'importe si notre âme, emportant avec soi devant Dieu l'idéal très pur de la France, obtient le pardon des Français! » L'abbé Perreyve voulait que les prêtres concertassent leur mort comme si elle était leur dernière messe, une messe dans laquelle eux-mêmes s'offriraient, après avoir, au jour le jour, durant toute leur vie sacerdotale, offert le Christ. « Hier soir, écrit le jeune frère Lacour, Mariste, tué comme aspirant, l'invocation : « Cœur de Jésus, obéissant jusqu'à la mort », me faisait penser, très instinctivement, à notre vie à nous. Ce sera notre consigne, notre devoir, il nous faudra être obéissant jusqu'à la mort. » L'esprit sacerdotal, s'élevant à de telles altitudes, salue la mort comme une sorte de parachèvement de cette ressemblance avec le Christ, à laquelle le prêtre aspire... Et c'est ainsi que des profondeurs mêmes de la pensée mystique a surgi tout d'un coup, sur notre sol de France, le prêtre soldat.

Un des organes étrangers qui, depuis deux ans, ont le mieux mérité de la France et de la vraie civilisation chrétienne, — le *Journal de Genève*, — publiait, dès le début de 1915, une étude de

M. Samuel Rocheblave sur ce nouveau type de héros. « L'histoire nationale, y lisait-on, consacrera ce type, elle l'immortalisera. Quels cadres l'Église catholique de France ne fournit-elle pas aux armées de la République, et quels hommes ! Comme un blessé me le disait hier : Pour le courage, il n'y a rien de tel que les curés. On dirait qu'ils ont le *Diable* au corps ! »

Le diable au corps, et Dieu dans le cœur : que faut-il de plus pour un constant tête-à-tête avec la mort ?

II

Lorsqu'on porte la mort en même temps qu'on l'affronte, le péril grise, parfois, plus qu'il n'effraie ; et peut-être faut-il un surcroît d'énergie pour s'exposer au danger, passivement, dans la besogne de brancardier. Mais pour exceller en cette besogne, le sacerdoce chrétien n'a qu'à se souvenir qu'une parabole évangélique a flétri pour les siècles des siècles ce prêtre de l'ancienne loi qui, voyant un blessé sur le bord d'une route, passa son chemin, et que la compassion du bon laïque de Samarie fut proposée par le Christ comme un exemple. C'est sous la grêle des projectiles que les Samaritains du xxᵉ siècle doivent chercher et soigner la détresse gémissante des blessés.

Ils y vont de bon cœur. « Toutes nos affaires sont en règle, écrivait le P. Gouy, Mariste, tué il y a

uelques semaines, — mes affaires matérielles
omme mes affaires de conscience. Maintenant, en
vant ! Que pourrais-je craindre ? » Il transporte un
eutenant blessé : une balle le terrasse. A lui et à
es pareils, les obus semblent dire : « Fuis, ou tu
as mourir. » Halte-là ! riposte Mgr Lobbedey,
vêque d'Arras, qui s'y connaît en héroïsme, votre
onscience vous dit : « Reste, même s'il faut mou-
ir ! » et les lignes dans lesquelles il glorifie les
nalheureux mutilés du champ de bataille comme
les « images plus frappantes du Christ », et leurs
plaies comme étant ses plaies, et leur douleur
comme étant sa douleur, invoquent pour ces muti-
ations, pour ces plaies et pour cette douleur, toute
la tendresse des prêtres, moins encore au nom de
eurs devoirs d'infirmiers qu'au nom de leur conscience sacerdotale.

Les hôpitaux de l'arrière, disséminés à travers le
pays, réservent aux prêtres infirmiers de moins
consolantes besognes. Souvent le « cafard » y règne,
compagnon morose des blessures qui se traînent ou
des convalescences qui s'attardent. C'est une
maladie contagieuse que le « cafard » : elle se guérit
soudainement comme elle est venue, — par quelques
bonnes plaisanteries, parmi lesquelles, parfois, un
prêtre ingénieux aspire à « jeter une note surnaturelle ». Mais comme on est loin du front, loin du
péril, la note surnaturelle est plus exposée à tomber
dans le vide ; et c'est une grande épreuve pour l'infor-
tuné prêtre du service auxiliaire, — homme de
peine, en définitive, plutôt qu'infirmier, — qui doit
laisser à ses confrères du front la possibilité de

devenir des héros, et n'avoir, lui, d'autre héroïsme que celui de pardonner aux langues iniques, toujours prêtes à le qualifier d' « embusqué ». Il y a des heures très dures, où, dans le désœuvrement de l'hôpital ou de la section d'infirmiers, le prêtre se demande ce qu'il fait comme prêtre, et ce qu'il fait comme infirmier. Il s'évade pourtant, Dieu aidant, de ces pénibles malaises, si j'en crois l'attachant volume que vient de publier un infirmier du Havre, M. l'abbé Lenfant, sous le titre : *Notes d'un prêtre mobilisé*. Les prêtres qui s'ennuient dans les hôpitaux de l'arrière trouveront dans l'exemple de ce confrère d'excellentes méthodes pour cesser de s'ennuyer et recommencer d'être utiles.

Je sais d'ailleurs que, si fécondes soient-elles, ils continueront d'envier les privilégiés qui purent, à la faveur de leur âge et des circonstances, se faire enrôler dans l'aumônerie militaire par le comte Albert de Mun et M. Geoffroy de Grandmaison. Être au front, courir tous les risques, les chercher même pour trouver les âmes, et dans ce cadre tumultueux voir se multiplier avec une richesse inouïe, sans cesse renaissante, les occasions d'agir en prêtre, se mettre à quatre pattes s'il le faut, pour aller confesser là-bas, dans la plaine ensanglantée, le blessé qui se meurt, voilà le partage de l'aumônier.

Frédéric Bouvier, Jésuite, connu du monde savant pour l'organisation des Semaines internationales d'ethnologie religieuse, est tué à Vermandovillers en assistant des blessés ; Albert Perrot, Jésuite, arrive de Chine, au moment de la mobili-

tion, pour secourir sur les champs de bataille les
nes de France, et mourir lui-même parmi tant
mourants; Yves Marie Gauthier, Jésuite, aumô-
er militaire, décoré, cité quatre fois à l'ordre,
ave un tir de barrage à Fleury sous Verdun et y
ccombe; le philologue Roiron, Jésuite encore,
xpose au même péril à Saint-Hilaire-le-Grand,
recueille la mort; Frank de Contagnet, Jésuite,
venu de Césarée en Cappadoce pour être l'un des
môniers de notre expédition d'Orient, est tué à
allipoli, à l'attaque des tranchées. Ne croyons pas
e dans l'attaque l'aumônier joue forcément un
le passif, et qu'il soit simplement un spectateur
i bénit : son geste d'absolution, qui renouvelle
vie au fond des âmes, excite à braver la mort.
émoin cette admirable citation, du 7 mars 1916,
i commémore tout ensemble l'impulsion donnée
r un prêtre et l'un de nos plus brillants succès de
Argonne :

Le régiment, sous les ordres de son vaillant chef le
lonel Macker, a marché à l'attaque comme à la
anœuvre, malgré le feu violent de l'artillerie
nemie. Les vagues successives se sont inclinées
vant le représentant de Dieu, l'aumônier division-
aire de Chabrol, dont la main dessinait, sous la
itraille, le signe de la rédemption et de la victoire.
e Bois des Corbeaux a été enlevé d'un merveilleux
an.

Je connaissais et j'aimais cet abbé de Chabrol,
ui pour l'Eglise avait fui le monde, qui pour le

service paroissial avait fui le mirage flatteur des prélatures romaines; il se dévouait, corps et âme, aux humbles populations de l'Auvergne, trouvant dans l'élévation de son rang et dans sa dignité de prêtre deux raisons décisives de se faire leur serviteur. Il partit comme aumônier dès le début de la guerre. Il vit les boucheries de Lorraine, et celles de la Somme, et celles de la Belgique; il fut cinq mois sans coucher dans un lit, plus d'un mois à coucher dans l'herbe, mais cette vie-là lui paraissait « bien attachante; car on assiste, écrivait-il, à des retours admirables. » Il n'était pas encore content de lui, pourtant... « Je voudrais rendre plus de services à mes hommes, je voudrais surtout faire aimer le bon Dieu davantage, mais pour une œuvre pareille il faudrait être un saint, et je suis loin de l'être. » C'est le propre de la sainteté de s'ignorer; elle n'existe qu'en s'accusant de ce qui la limite, et ne peut se complaire qu'en Dieu, vers qui la mort la fait monter... Trois citations, et la décoration de la Légion d'honneur, furent pour l'abbé de Chabrol des étapes de gloire, — d'une gloire pour lui trop humaine, et finalement il trouva la mort, qu'il ne cherchait ni ne fuyait (1).

Entre deux offensives, entre deux menaces de mort, l'aumônier, dans les cantonnements de l'arrière, connaît parfois d'intimes joies sacerdotales. Je n'en ai trouvé nulle part un écho plus splendide que dans une page où l'abbé Thellier de Poncheville raconte la visite qu'il fit un jour à une compa-

____

(1) Voir *Semaine religieuse de Clermont*, 7 octobre 1916.

gnie de génie qui depuis trois mois n'avait pas vu de prêtre.

Les sapeurs rient à pleine gorge au seuil d'un logis qui s'intitule Les Increvables... J'entre dans une ancienne écurie de mulets transformée en salle à manger; l'âne de Bethléem se retrouverait ici dans son étable. Mes pénitents, groupés à l'extérieur, s'approchent de moi l'un après l'autre. « Où c'est que ça se tient? » me crie l'un d'eux en entrant. Je les guide par la main jusqu'au milieu de la pièce, où nous pouvons nous redresser tant bien que mal sous les chemises qui sèchent, pendues au fil de fer du plafond. La séance du confessionnal est terminée. La porte s'ouvre toute grande cette fois; une douzaine de soldats s'avancent. Nous retrouvons l'émotion des premiers chrétiens lorsqu'ils se retiraient dans leurs cachettes souterraines pour la fraction du pain. La porte est close. Dehors, les camarades jouent aux cartes dans leurs cagnas. Sur la table encore graisseuse, où ils ont mangé tantôt, une toile de tente se déplie, propre comme une nappe. Le souvenir d'Emmaüs s'évoque de lui-même à notre pensée. « Entrez dans notre pauvre abri, Seigneur, et restez avec nous, car il fait sombre sur la route où sont engagés nos pas. » La terre est trop humide pour que nos genoux s'inclinent. Le Maître acceptera que ses disciples le reçoivent debout. Sur mon petit corporal, je dépose la custode. En silence nous adorons. J'invite les communiants à s'asseoir sur les bancs de bois plantés de chaque côté. Immobiles, la figure toute grave, les bras croisés, le regard tendu vers le trésor divin, ils m'écoutent. Je leur parle de Notre Seigneur, je parle d'eux à Notre Seigneur. Ils redisent lentement mes invocations. Un nouveau silence : chacun prie à sa manière. Puis je leur distribue mes hosties, allant de l'un à l'autre, autour de la table, ainsi que Jésus dut le faire à la Cène. Ému autant qu'eux-mêmes, je respecte le recueillement profond des visages et des âmes. Peu après, des mots me reviennent aux lèvres, une prière à haute voix qui exprime les pensées de tous. Nous confions à Dieu nos vies, nos familles, nos camarades, la France. Au dehors, de jolies étoiles semblent briller d'allégresse (1).

Et l'allégresse de l'aumônier répondait à celle des étoiles.

III

Dans les ambulances de la zone des armées, comme dans celles de l'arrière, le dévouement des religieuses se prodiguait. L'atroce bombardement d'Arras coûtait la vie à plusieurs d'entre elles : on les voyait cacher leurs blessés dans les caves et s'en retourner dans les salles éventrées, pour transporter encore les patients qui restaient. A Saint-Dié, à Pont-à-Mousson, les sœurs de Saint-Charles de Nancy semblaient trop attentives aux plaintes de leurs malades, pour se laisser troubler

(1) *Écho de la Ligue patriotique des Françaises*, 15 juillet 1916.

par la musique des obus, qui cependant ne chômait point. A Gerbeviller, d'où s'étaient éloignés tous les civils, elles restaient « sous un feu incessant et meurtrier », avec un millier d'hospitalisés, aidant quelques-uns à mourir et beaucoup à survivre. Tout flambait dans Gerbeviller ; et, dans l'immense incendie, sœur Julie avait deux soucis : le tabernacle et ses blessés. « Vous n'avez pas le droit de mettre le feu, » dit-elle à l'officier allemand en lui montrant le pavillon de la Croix-Rouge ; le simple acte de cette religieuse préserva des flammes les cinq ou six maisons voisines, et ses blessés furent sauvés. Mais là-bas, dans l'église qui brûlait, le Dieu du tabernacle était, lui aussi, un blessé ; la coupe et le couvercle du ciboire étaient traversés par les balles. Sœur Julie courut à l'autel, prit les hosties, communia. Elle devenait le ciboire de toutes ces hosties, et dans une seconde d'amour elle réparait l'offense faite à Dieu par les soldats sacrilèges de la catholique Bavière. Sœur Marie de la Flagellation, à l'hospice d'Harbonnières, sut, au péril de sa vie, dérober à la vue des Allemands les soldats français qui lui étaient confiés, et les fusils de ces soldats : « Nous croyions notre dernière heure arrivée, raconte-t-elle, on priait, on invoquait tous les saints, on installait dans la cour les femmes les plus vieilles pour qu'en entrant les Allemands vissent les vieillards. » Ayant ainsi mobilisé les vieilles femmes pour servir de paravent et tous les saints de sa connaissance pour servir de paratonnerre, Sœur Marie de la Flagellation constata que les Allemands avaient des yeux

pour ne point voir, et sut, tout proche d'eux, mettre
en sûreté les blessés mêmes qu'ils cherchaient.
Sœur Ignace, religieuse du Très Saint Sauveur, se
réjouissait, en Alsacienne fidèle, de soigner sur
terre d'Alsace reconquise, dans son ambulance de
Moosch, des blessés français; elle était « un drapeau autour duquel nous nous serrions tous »,
écrit d'elle son médecin-chef. Un jour, un obus
passa, qui renversa le drapeau; mais je ne crois
pas que sœur Ignace rêvât après le ciel quelque
chose de plus beau qu'un acte de décès rédigé en
français par les autorités françaises d'une commune d'Alsace.

Il n'y avait à Clermont-en-Argonne, à la fin
d'août 1914, d'autre maison habitée que l'hospice :
sœur Gabrielle, des Filles de la Charité, y soignait
avec ses Sœurs quarante-deux vieillards, et un
petit blessé français qu'elle cachait. L'armée du
Kronprinz survint avec des blessés allemands :
« Nous serons leurs infirmières, dit sœur Gabrielle,
mais respectez la ville. » On le lui promit, et néanmoins les flammes s'élevèrent. Alors sœur Gabrielle,
agissant comme l'unique autorité du village aban-
donné, interpella le colonel : « La parole d'un
officier allemand, lui dit-elle, ne vaut pas, déci-
dément, celle d'un officier français. » Et l'Allemand ainsi flagellé mobilisa ses sapeurs pour
combattre l'œuvre de ses porteurs de grenades :
le feu se ralentit, s'éteignit. En une autre circons-
tance, sœur Gabrielle sauva la vie à vingt-cinq
blessés français, prisonniers. Et puis l'Allemand
dut reculer, et pendant de longs mois Clermont-

en-Argonne, visité de temps à autre par quelques obus, fut pour nos troupes un grand centre d'hospitalisation.

Mais au début de février 1916, les obus s'acharnèrent : ils visaient Clermont pour gêner le ravitaillement de Verdun. Et sœur Gabrielle dut en quelques heures évacuer tout l'hôpital, ne laissant que sept morts et deux mourants ; les civils aussi partirent. Quant à sœur Gabrielle et ses deux compagnes, on les fit rester, pour garantir au jour le jour les tout premiers soins aux victimes militaires, — parfois six cents par jour, — qu'allait faire le bombardement de la région. Elles restèrent, très heureuses, remerciant Dieu de les avoir envoyées dans cette Argonne où elles avaient une si « belle part ». Vers le milieu de mars, c'est à Froidos, à sept kilomètres en arrière, qu'on les transporta, sans que d'ailleurs elles oubliassent Clermont, où l'une d'elles, à tour de rôle, était toujours de garde.

A Froidos comme à Clermont, les obus tombaient. « Nous sommes tellement habituées au canon, déclarait sœur Gabrielle, que nous sommes aussi tranquilles, ici, que les opulents bourgeois d'Orléans ou de Tarascon. » Une fois cependant, elle eut, pour un instant, la « frousse » ; et elle l'avouait ; mais tout de suite elle s'expliquait : « Je dois vous dire que cette bonne femme et moi ne sympathisions pas du tout. Une fois n'est pas coutume, j'ai donc eu la frousse. Pourquoi ? Ma jambe gauche me forçait au repos. Les blessés à qui nos sœurs en parlent offrent, qui ses soufrances, qui sa nuit sans sommeil, pour que ce ne soit rien. » Et de fait, les sacrifices des poilus furent pour eux l'occasion d'une nouvelle victoire ; la phlébite redoutée s'éloigna.

A certaines heures, dans ce cadre dénudé de Froidos, elle songeait à la Maison mère, à la chapelle éblouissante de lumières et de fleurs, de chants et de prières. « Quel contraste douloureux avec la pauvre église de Froidos, murs décrépits, vitraux brisés, voûtes en ruines et les deux bougies de notre pauvre autel, insuffisantes pour nous permettre de suivre l'office du jour... Des chants... point, sinon le gazouillis des hirondelles qui nichent dans les crevasses des murs et la grosse voix du canon qui tonne toujours. Comme il n'est pas dans mon tempérament d'être morose, je me hâte de mettre un point lumineux dans ce coin sombre : les bancs, un peu vides d'ordinaire, sont remplis aujourd'hui par nos bons poilus. »

Un jour d'avril 1916, le médecin-chef vint dire à sœur Gabrielle que la Croix de guerre lui serait remise le lendemain. « Qu'auriez-vous fait à ma place ? écrivait-elle à la Supérieure générale. Vous vous seriez inclinée en disant : Merci, monsieur le médecin-chef. C'est ce que j'ai fait avec la tête de mon blessé endormi dans les mains ; et, tandis que le pauvre petit restituait copieusement le chloroforme aspiré, nos majors m'adressaient les félicitations d'usage et je continuais à rouler mon pansement. » La croix fut remise, en grande pompe, précédant de quelques mois le ruban rouge, et sœur Gabrielle, s'adressant derechef à la Mère générale, lui disait : « Voilà, ma Très Honorée Mère, votre pauvre fille avec la Croix sur les épaules et sur la poitrine, au côté et dans la poche ! La croix partout ! Il y en a de plus lourdes que d'autres, et avec la grâce de Dieu, le concours de mes excellentes compagnes et vos bonnes prières, j'essaie de les porter le moins mal possible. Si notre Père Duthoit eût été là, il n'eût pas manqué de me dire : C'est de la terre, tout cela, mais pour la communauté je suis bien content. » M. Vincent eût aimé ces lignes, et cette façon d'accepter avec le même état d'esprit les fatigues et les honneurs, les périls et les pompes, et de trouver parfois les honneurs plus onéreux que les fatigues, et de penser peut-être à part soi, dans le secret de la méditation, que l'attrait des pompes pourrait devenir un plus grand péril que ne l'était la menace des obus.

IV

Citations, croix de guerre, médailles militaires, décorations de la Légion d'honneur, ratifiaient au jour le jour l'héroïsme des prêtres et parfois des religieuses. A l'heure actuelle, le diocèse de Paris compte cinquante-neuf prêtres ou séminaristes titulaires de la croix de guerre, et cinq prêtres décorés, au titre militaire, de la Légion d'honneur. Ceux-là mêmes qui, en tant qu'aumôniers, n'avaient qu'une besogne toute spirituelle, participaient à ces distinctions. L'autorité militaire témoignait ainsi qu'elle considère comme d'efficaces collaborateurs les ministres du culte, qui, sur le front des armées, en pacifiant les consciences, leur enseignent à regarder la mort.

Il y eut d'autres prêtres — ils furent nombreux — que l'hostilité de l'ennemi, et les traitements qui s'ensuivirent, couvrirent d'une autre gloire, étrangement douloureuse. Les Allemands en veulent aux prêtres, disait un instituteur belge au curé d'Esternay ; et lorsqu'il fut à quatre reprises collé au mur pour être fusillé, lorsqu'il fut mis en tête d'une colonne de marche, face à face avec les balles françaises, lorsque le pain, lorsque l'eau lui furent refusés, le curé d'Esternay vérifia douloureusement l'exactitude du propos. « Nous en avons assez, des prêtres français, disaient en Picardie des officiers allemands ; mettez-vous dans le rang. » Et le curé d'Estrées-Deniécourt, le curé de Soyécourt, étaient emmenés sur le front des colonnes, et devaient marcher. Dans le rang aussi, à travers tout un quartier de Saint-Dié, on fit marcher Mgr Foucault, évêque de cette ville, et deux prêtres qui l'accompagnaient, tandis qu'à proximité, l'incendie s'allumait. Cet évêque voulait garder contact avec ses concitoyens menacés ; les troupes allemandes, entre eux et lui, s'essayaient à dresser un mur. Le curé de Saint-Martin, de Laon, passait un mois à la citadelle pour n'avoir pas voilé l'expression de ses espérances patriotiques, et puis on l'emmenait en Allemagne, prisonnier. Pour le curé du Catelet, c'étaient les insultes, les soufflets, les menottes, l'outrageante promenade où sans cesse l'assaillaient les menaces de mort, l'interminable exhibition sous les regards d'une armée qui défilait en le bafouant : ainsi vengeait-on quelques coups de feu tirés par des soldats anglais. Deux chiens, à Guny, avaient aboyé contre les Allemands : le curé et un jeune séminariste devaient s'en aller au camp de Zerbst, pour expier cette discourtoisie. Le doyen de Nesle était arrêté, conduit dans un faubourg où les balles pleuvaient, et puis expédié en Allemagne dans un wagon de marchandises en guise de châtiment pour l'inoffensive ascension de quatre Neslois dans son clocher.

On ramassait chez l'abbé Lahache, curé de La Voivre, une carte d'état-major constellée de petites marques au crayon rouge ; on le saisissait, on le bousculait, on constatait que les troupes allemandes avaient « trouvé dans sa localité des gens qui les avaient desservies » ; on lui signifiait à trois reprises qu'il serait fusillé, et, pendant que, s'étant bandé les yeux, il entonnait son propre *Libera*, dix balles prussiennes faisaient de lui un martyr, — frère de souffrances et frère de vaillance de ces prêtres martyrs de la Révolution, qu'étudiait volontiers son érudite sollicitude. Pour fusiller deux autres curés de la trouée des Vosges, celui de Lusigny et celui d'Allarmont, des simulacres d'interrogatoires furent à peine nécessaires : on avait besoin du sang d'un prêtre, peut-être, pour se consoler de la chute d'un Zeppelin.

« Vous êtes un assassin », disaient au curé de

Nomény, en Lorraine, les membres d'un conseil de guerre. Ils le condamnaient à être fusillé le lendemain. Le général allemand, le soir même, s'empressait de proclamer devant ses troupes que l'exécution avait eu lieu. « Vous êtes mort à nos yeux », disait au curé, le lendemain, un factionnaire compatissant ; et le prêtre, officiellement fusillé, était traîné vers Metz comme prisonnier, puis renvoyé dans les lignes françaises. L'Allemand, lors même qu'il ne tue pas, aime, vis-à-vis du prêtre catholique, avoir fait le geste de tuer : le curé de Rosières, coupable d'avoir touché à une horloge, est l'objet d'un faux jugement, d'une fausse parade d'exécution ; et puis on le relâche, mais on lui a fait peur, et l'on rit.

Pastour ! Pastour ! Dans certains régiments, ce seul mot excite la soldatesque. Le *Pastour*, c'est le représentant de cette civilisation latine que le germanisme méprise, de cette « superstition romaine » contre laquelle le germanisme se flatte d'avoir soulevé la Réforme ; c'est le ministre d'une confession qui n'est pas celle à laquelle affecte de s'apparenter la *Kultur* allemande. C'en est assez pour que se tendent, vers le visage du *Pastour*, les poings qui servent la *Kultur*. L'otage désigné, c'est lui, — lui avant tout autre, toujours lui ; et d'ailleurs, quand l'Allemand ne le désigne pas, il advient que le *Pastour* se désigne lui-même ; tel fut le cas de l'archiprêtre de Montdidier. « Vous empêchez les gens de venir à nous et vous entretenez le patriotisme » : voilà le grief dont s'armait l'Allemagne contre les prêtres de l'Artois ou de la

Champagne ; et la morgue pédante de certains chefs, pour mieux dogmatiser encore, ramassait dans la phraséologie politique certaines formules de suspicion. « Un curé ne doit pas faire de politique », signifiaient au doyen septuagénaire de Sompuis, avec un accent de jacobins, les officiers qui l'interrogeaient, et sous l'inculpation mensongère d'avoir eu dans son presbytère une installation téléphonique, on le traînait de village en village, abreuvé d'insultes, à tel point, notait un témoin, « qu'on eût dit Jésus-Christ dans sa Passion » ; et le pauvre vieillard, jeté comme une bête qui meurt, souillé de boue, de poussière et d'ordures, finissait par mourir.

Pastour ! Pastour ! Les aumôniers militaires, que leurs fonctions auprès des armées eussent dû rendre doublement sacrés, étaient victimes, à leur tour, des fureurs étranges que ce mot suscitait. Il y en eut deux, en août 1914, qui, dans un village de l'Aisne, séparés un instant des colonnes françaises, tombèrent aux mains de l'ennemi : c'étaient l'abbé Sueur et le P. Véron. Les jours succédaient aux jours, et, sans autre nourriture que des pommes, sans autre boisson qu'un peu d'eau, on les traînait d'étape en étape, sur la route qui menait à Paris, route décevante pour l'orgueil allemand. Mais il y a des déceptions qui se vengent. « C'est la faute à *Pastour !* » criait-on. Les bourreaux, en rebroussant chemin, ramenèrent les deux prêtres ; et lorsqu'un soir le P. Véron tomba sur la route, ne pouvant plus avancer, on le jeta sur un tas de cailloux, à demi couvert d'orties. Il agonisait ; l'abbé Sueur obtint pour lui un coin de chambre, où les soldats allemands achevaient de l'insulter. Le lendemain ; il mourait d'épuisement et de faim. Il était, depuis un an, l'aumônier de cette *OEuvre des cercles catholiques d'ouvriers*, qui avait, au lendemain de 1870, révélé à la France l'éloquence et l'âme d'Albert de Mun. Il est dans la destinée de toutes les œuvres qui doivent durer, d'ajouter au martyrologe quelque nom de victime, qui par sa mort achète leur vie. Albert de Mun, s'en allant rejoindre le prêtre qu'à peine il avait eu le temps de pleurer, trouvait dans ce deuil même la certitude que son œuvre vivrait. Où la barbarie sème la mort, Dieu permet que la civilisation chrétienne moissonne la vie.

Il y eut des heures pourtant, où la charité du prêtre, où son courage à souffrir, donnèrent un spectacle qui finissait par dégrossir ces âmes de barbares ; et tout d'un coup en elles, derrière la brute ou derrière le surhomme, — deux termes synonymes en temps de guerre, — l'homme se retrouvait, et l'homme s'émouvait, rendait hommage au *Pastour* ; peu s'en fallait qu'il ne s'agenouillât. Le curé de Lesbœufs, en Picardie, bénéficia de cette gloire en son cercueil : emmené comme otage au camp de Wittenberg, il était mort là-bas, en soignant les typhiques ; et, tandis que les quinze mille prisonniers du camp rendaient les honneurs à ses dépouilles, sa tombe s'ornait d'une couronne, apportée par ses geôliers.

V

D'être systématiquement rendus responsables pour la résistance des Français, c'était là pour les prêtres un périlleux honneur, que volontairement ils acceptaient. La présence ou la proximité des malheurs publics appelait tous les citoyens, qu'ils eussent ou non des mandats électifs ou des fonctions officielles, à mettre au service de leur coin de terre toutes les ressources de leur courage, ou de leur ingéniosité, ou de leur compétence ; dans les régions envahies, on voyait se dresser, au premier rang parmi ces citoyens utiles, les évêques et les prêtres. La population nancéenne, avant d'être sauvée de l'invasion par le général de Castelnau, avait trouvé dans son vieil évêque, Mgr Turinaz, un de ces maîtres d'énergie qui s'opposent au fléchissement des âmes.

L'atmosphère à Senlis, dans l'après-midi du 2 septembre 1914, était toute chargée de menaces : on fusillait le maire, on voulait brûler la ville. Des habitants, disait-on, avaient tiré du haut du clocher. L'abbé Dourlent, archiprêtre, un instant mandé comme otage, avait eu la permission de retourner dans son presbytère ; mais il en sortit, revint à l'état-major allemand... C'était se livrer, assurément, mais c'était peut-être aussi sauver la ville. Et le salut de la ville valait bien un risque de mort. Il jura que la clef du clocher n'avait pas quitté sa poche, et l'incendie fut contremandé.

L'archiprêtre avait, à la dernière minute, empêché que Senlis ne devînt un second Louvain.

Le 3 septembre au matin, Meaux cessait d'être en communication avec la France : un dernier train partait, et deux mille habitants attendaient, d'heure en heure, l'arrivée des Allemands. Ils étaient à peu près sans ressources ; aucun pouvoir civil n'était là, pour organiser leur vie. Mais l'évêque était resté, avec ce génie de commandement, qui sait dominer tous les périls, et qui les écarte. La gare de Meaux, durant le mois d'août, l'avait vu prendre contact, du matin au soir, avec les soldats qui partaient ; sa charité se tournait désormais vers les civils, presque tous indigents, demeurés orphelins dans une ville sans défense. Une journée suffit à Mgr Marbeau, celle du 4 septembre, pour créer à l'hôtel de ville une section d'ordre et de police, une section de salubrité et de voirie, une section des vivres, subsistances et réquisitions ; et, recevant chaque jour les rapports de ces diverses sections, il était à la fois préfet de police, ingénieur de la voirie, contrôleur du ravitaillement. Ainsi régnait l'évêque, et les Allemands n'arrivaient pas ; et tout au contraire, d'heure en heure, survenaient de nombreux blessés pour lesquels l'évêque improvisait des ambulances, des blessés dont les plaies parlaient de souffrance et dont les lèvres parlaient de victoire. Le 9 septembre et les jours qui suivirent ramenèrent dans Meaux les représentants des autorités administratives ; Mgr Marbeau abdiqua, et l'on ne s'étonnera pas que l'évêque qui, dix jours plus tôt, n'était rien au point de vue civil, et qui

subitement, parmi ses ouailles anxieuses, était
devenu tout, soit, de par leur gratitude, demeuré
quelque chose, parce qu'il fut quelqu'un.

Meaux, en dépit des menaces, fut inviolée : Soissons, Châlons-sur-Marne furent, quelques jours
durant, des villes conquises, et leurs deux évêques
s'en improvisèrent en quelque mesure les défen-
seurs. Il restait à Soissons, à la fin d'août 1914,
quatre conseillers municipaux ; le maire avait
démissionné. Mme Macherez et M. l'adjoint Muzard
installèrent dans l'Hôtel de Ville un comité pour
faire face aux envahisseurs. L'état-major allemand
demanda deux otages pour la nuit du 3 au 4 septembre : Mgr Péchenard, évêque de Soissons, s'of-
frit et fut refusé ; son vicaire général survint et fut
accepté. Les Allemands se plaignaient de manquer
de logements, menaçant de châtier la ville : une
démarche de l'évêque et de Mme Macherez les
apaisa. L'influence de Mgr Péchenard allait crois-
sant ; et la chaire de sa cathédrale redevenait,
comme au moyen âge, une façon de tribune
publique, d'où chaque jour, en personne, il annonçait les nouvelles, commentait les exigences
ennemies, indiquait la conduite à suivre. On se
serait cru transporté en plein moyen âge italien,
dans l'une de ces villes guelfes, où l'évêque, en
face des hordes germaniques, se faisait le défenseur et l'organisateur de ce qui restait de libertés.
La voirie, aussi, occupait Mgr Péchenard ; il visi-
tait le quartier Saint-Vaast, devenu malpropre ; il
avisait à l'écoulement des eaux. Un prêtre de son
séminaire, l'abbé Litierre, servait constamment

d'interprète entre le comité de l'Hôtel de Ville et les officiers allemands. Puis, au bout de douze jours, les envahisseurs se retirèrent, et la longue série des longs bombardements commença, au cours desquels, Soissons n'étant plus qu'un désert, l'évêché, avec beaucoup de lenteurs et de regrets, dut se transporter à Château-Thierry.

Au matin du 4 septembre 1914, Châlons s'offrait à l'ennemi comme une proie : ce n'était qu'une question d'heures, il allait entrer. Les trois quarts des habitants avaient disparu ; les administrations avaient déménagé ; le maire les avait suivies. L'adjoint « tenait », avec quelques conseillers municipaux ; l'évêque « tenait », avec tous ses prêtres. Le pouvoir religieux et ce qui subsistait du pouvoir civil se rapprochèrent pour sauver la ville. Il y eut à la mairie, dès la première heure de cette journée tragique, une assemblée des hommes d'énergie : l'abbé Laisnez, directeur des œuvres diocésaines, y survint pour donner l'impulsion. Depuis longtemps, il était réputé manieur d'hommes : il avait, au cours des années précédentes, groupé dans la ville toutes les œuvres catholiques, et, dans tout le diocèse, groupé les jeunes gens. Son prestige, au mois d'août, lui avait ouvert à deux battants les portes de l'Hôtel de Ville : comme délégué de la confrérie de Saint-Vincent-de-Paul, il y pourvoyait aux intérêts des pauvres. Et puis les jours de panique avaient suivi ; il avait organisé la « croisade du séjour » ; les familles qui fuyaient l'avaient vu, parfois, se dresser devant leurs voitures ; dans la nuit du 3 au 4, jusqu'à 2 heures du matin, il était resté debout, pour empêcher que tous les Châlonnais ne quittassent Châlons. Derechef il était debout, au matin du 4, pour fédérer les énergies dont dépendait le sort de la ville. Et pendant que l'adjoint Servas et l'abbé Laisnez improvisaient cette administration nouvelle, Mgr Tissier paraissait à la mairie ; il annonçait du haut du perron que les sous-sols de son évêché, que les sous-sols de son séminaire, s'ouvriraient à la population, en cas de bombardement. Quelques blessés français arrivaient, encore porteurs de leurs armes : ils sentaient l'armée allemande sur leurs talons. L'abbé Laisnez, à la hâte, leur procura le véhicule nécessaire pour s'en aller plus loin, en France... Car, à 3 heures de l'après-midi, en cette journée du 4 septembre, Châlons était au pouvoir des Allemands. Le lendemain matin 5, on sut que l'ennemi considérait comme des biens sans maître tous les magasins désertés par leurs propriétaires, et que ces biens allaient être livrés aux soldats. Mais à peine avaient-ils commencé de piller un grand établissement d'approvisionnement, qu'un commerçant surgit, avec des vendeurs et vendeuses de fortune ; et derrière chaque comptoir, l'Allemand, qui voulait prendre, trouvait une main tendue, exigeant qu'il payât. Ce commerçant imprévu n'était autre que l'abbé Laisnez.

Les interventions de l'abbé Laisnez avaient limité le pillage ; l'intervention de l'évêque, dans les journées des 6 et 7 septembre, allait libérer la ville épiscopale et le département d'une autre menace. L'intendant général allemand réclamait au département

30 millions, à la ville 3 millions, à titre d'indemnité de guerre. L'adjoint, un conseiller municipal, un chanoine, étaient responsables sur leurs têtes si cette dernière somme n'était pas acquittée. La commission municipale se retourna vers l'évêque, pour qu'il sauvât ces trois têtes. Sans ambages, il accepta ; il passa par la mairie, pour faire confirmer ses pouvoirs d'intermédiaire ; et puis il s'en fut chez le prince royal de Saxe. Le prince le fit recevoir par l'intendant général, le 7 septembre au matin. En soutane violette, avec des souliers de marche, l'évêque aborda l'intendant : son vicaire général et l'abbé Laisnez l'accompagnaient. Il avait un costume de prélat, et déjà des chaussures d'otage ; il s'attendait à être emmené. Il exposa l'insolvabilité de ses diocésains, la disette des banques, la pauvreté de ses prêtres. Il parla des efforts qu'avait fait le clergé de Chalons pour retenir dans la ville tous ces pauvres gens qu'on voulait pressurer, de l'iniquité qu'il y aurait à exiger certains sacrifices incompatibles avec leur indigence. Quelques heures s'écoulèrent, et l'Allemagne se contenta d'un acompte de 500.000 francs : moyennant cet acompte, les Châlonnais étaient assurés que leurs personnes et leurs biens seraient respectés ; l'évêque et les autorités civiles obtinrent qu'une affiche officielle allemande contresignât cette promesse. Quelques jours plus tard, on put déchirer l'affiche : le samedi 12 septembre, la victoire de la Marne ramenait nos chasseurs dans Châlons. La liturgie diocésaine du dimanche 13 évoquait saint Alpin, qui jadis, sur ce même siège épiscopal,

avait bravé les colères d'Attila. Et les phrases latines qui célébraient le vieil évêque retentissaient comme un hommage à l'adresse de son lointain successeur.

La gloire de saint Alpin passait jadis pour archaïque; Mgr Tissier, pour en hériter, n'avait eu qu'à faire tout son devoir.

Tel évêque, tels curés. Un demi-millier d'habitants sur 8.500, c'était là toute la population de Vitry-le-François, et parmi les 8.000 qui s'en étaient allés, figuraient le maire, les adjoints, les conseillers municipaux. Mais l'abbé Nottin, archiprêtre de la ville, était d'autant plus sédentaire qu'il s'agissait d'attendre un péril : l'*Association paroissiale catholique*, depuis longtemps fondée par ses soins, fut comme le noyau de l'administration nouvelle. L'hôtel de ville était vide : l'abbé Nottin y entra. Cent vingt électeurs restés à Vitry furent convoqués : douze d'entre eux devinrent membres d'une commission municipale, dont le président de l'*Association paroissiale catholique* dirigeait les délibérations. Les uhlans arrivèrent, cherchèrent des notables : l'archiprêtre et son vicaire étaient là ; on en fit des otages. « Il nous faut aussi des civils, lui signifia-t-on, désignez-les. » Les désigner, c'était peut-être les vouer à la mort : l'archiprêtre refusa. Il pria qu'on le laissât aller chercher deux amis, il revint avec deux membres de l'*Association paroissiale catholique*. Son vicaire avait dû marcher à travers les rues à la tête des colonnes allemandes ; on lui rendit sa liberté pour qu'il reprît sa place d'otage. Les Allemands avaient désormais quatre têtes sur lesquelles ils pourraient se venger de ce qui leur déplaisait dans Vitry.

Et, dans son rôle d'otage, l'abbé Nottin put obtenir que tout pillage, que toute contribution de guerre fussent épargnés à la ville. Il avait cinq cents bouches à nourrir, — bouches de civils, bouches de Français, dont l'armée allemande ne s'occupait point. Ayant su obtenir des Allemands un certain nombre de quintaux de farine, il organisa une boulangerie, créa pour les pauvres un système de bons. « Vous les faites vivre, intervinrent les Allemands ; à vous aussi, de les faire travailler. » Il y avait des rues à désinfecter, des tombes à creuser : l'abbé Nottin et son vicaire réquisitionnèrent les hommes valides, les affectèrent, les payèrent. A force d'enrégimenter la main-d'œuvre, les injonctions de l'archiprêtre s'étendaient aux Allemands eux-mêmes. Une nuit qu'avec ses ouailles il luttait contre un incendie terrible, des pompiers de Munich se trouvaient là, qui regardaient ; il les mobilisa, d'autorité ; ce curé d'une ville occupée commandait à ses vainqueurs. Une quasi investiture officielle ratifia son initiative : en remplacement du maire révoqué, en remplacement du Conseil municipal dissous, une « délégation spéciale » de trois membres fut créée ; elle comprenait l'abbé Nottin, un instituteur, et le président de l'*Association catholique paroissiale ; et ce dernier fut nommé président de la délégation. C'est ainsi que Vitry-le-François, durant l'effacement du pouvoir civil, put connaître encore les bienfaits d'un gouvernement.

Le curé de Vienne-la-Ville, demeuré presque seul dans son petit village, assumait à sa façon les mêmes responsabilités et les mêmes services dont à Vitry l'archiprêtre s'était chargé. Le curé de Loos, en l'absence de la municipalité, organisait une boulangerie municipale. Ailleurs, des besognes toutes civiles étaient confiées aux prêtres par les autorités civiles restées à leurs postes : le vicaire de Bertrimoutier était nommé maire de sa commune par un arrêté du préfet même des Vosges ; le curé d'Etinehem devenait greffier de la mairie ; le curé d'Estrées, de concert avec l'adjoint, organisait une boulangerie. Et lorsque l'abbé Lemire, prêtre et maire d'Hazebrouck, entendait parler de ces lointains confrères, auxquels sa propre intrépidité eût pu servir d'exemple, et qui s'en allaient, eux, du sanctuaire à la mairie pour revenir de la mairie vers le sanctuaire, j'augure qu'il les enviait en même temps qu'il les applaudissait, et qu'il attendait avec une impatiente émotion le geste pontifical qui lui permettrait de rester, à la mairie, devant l'ennemi tout proche, le représentant des Flamands, et de redevenir à l'autel, devant Dieu, leur intercesseur et leur interprète.

A Reims, le cardinal Luçon liait ses destinées à celles de la cathédrale, montant auprès de cette grande martyre une garde impuissante et fidèle. Il ne pouvait rien pour elle, mais il pouvait beaucoup pour les misères de son peuple, et il faisait beaucoup. Dans la cathédrale où de partout les incendies s'allumaient, l'abbé Landrieux, devenu dans la suite évêque de Dijon, veillait et luttait, au risque

d'être, peut-être, enseveli par les ruines ; il mettait.
le trésor en sûreté. Mais son âme de prêtre voulut
un autre sauvetage. Il y avait là, sous les voûtes où
s'épaississait la fumée, un certain nombre de
blessés ennemis, compagnons d'armes des bourreaux de la cathédrale : derrière eux, l'incendie ;
devant eux, dans la rue, des fusils chargés qui les
guettaient. La colère de la population contre l'incendie qui ravageait la merveilleuse charpente
gagnait les chefs et les soldats : ces blessés vou-
laient sortir du brasier ; ils ne sortiraient pas, ou
ils seraient tués. « Vous me tuerez d'abord »,
signifia le prêtre ; et, sous sa protection, les blessés
purent sortir et s'en aller, sous escorte, à l'hôtel de
ville, prisonniers et sauvés.

La ville d'Arras, cette autre condamnée à mort,
était fidèlement assistée, dans les convulsions du
bombardement, par son évêque, Mgr Lobbedey ;
comme partout tombaient les obus, partout il était
présent. « Je n'aurais pas voulu que la préfecture
fût atteinte seule, j'aurais été jaloux », disait-il au
Président de la République, en lui montrant les
brèches faites dans sa demeure épiscopale par l'artillerie de l'ennemi. A certains jours, Mgr Lobbedey
s'en allait visiter quelque paroisse de l'extrême
front ; et, s'enfonçant dans la cave qui désormais
servait d'église, il devenait, pour un matin, l'aumônier militaire d'un coin de secteur ; ou bien il
survenait à très peu de distance des lignes allemandes pour bénir trente-sept dépouilles de soldats
et cinq dépouilles d'officiers, et sa voix sacerdotale,
bravant le fracas de l'artillerie, semblait vouloir

réveiller ces victimes pour les inviter à « monter avec le Maître, en cette veille d'Ascension, vers la gloire et la récompense ». A proximité des obus, encore, il organisait une retraite, à Dainville, pour un certain nombre de prêtres infirmiers. Une fois qu'il se trouvait chez les Trappistines de Belval, il rompit leur sévère clôture pour associer aux offices des moniales un groupe de combattants qui revenaient de la tranchée ; et dans ce cadre imprévu, où son autorité d'évêque était seule qualifiée pour les introduire, il trouvait d'émouvants accents pour donner rendez-vous à tous les Français après la victoire, « sur la colline de Lorette reconquise, autour de la petite chapelle ressuscitée, devant l'héroïque forêt des humbles croix de bois, poussées dans le sang des martyrs ». Sur les lèvres de ce prélat, l'éloquence sacrée s'élevait à la hauteur des inexprimables circonstances qui l'inspiraient ; elle commentait les ruines et planait au-dessus d'elles, elle développait les raisons d'espérer et les raisons de pleurer, les raisons d'avoir souffert et les raisons d'accepter, elle commandait l'expiation, elle commandait la vaillance.

A l'exemple de leur évêque, les prêtres d'Arras prodiguaient leur zèle. Ils se faisaient pompiers, ravitailleurs, fossoyeurs, déménageurs. Il en est un, M. de Bonnières, qui chaque matin, même quand pleuvaient les obus, s'en allait avec une baladeuse dans les faubourgs de la ville : il demandait aux soldats les restes de leur ordinaire, et s'en revenait dans Arras, pour en nourrir les indigents. De nouveau, l'après-midi, la baladeuse était mobilisée : toujours conduite par le curé, elle transportait à travers les faubourgs les mobiliers d'ouvriers. Parfois le curé s'arrêtait pour retrouver parmi les décombres, d'après quelques indications, les cachettes où les habitants dispersés avaient déposé leurs plus précieuses ressources. Ainsi régnait-il sur les ruines, leur demandant les secrets qu'elles recélaient. Il s'en allait encore vers d'autres épaves, vers les épiceries, vers les merceries à demi abandonnées ; il procédait à la liquidation amiable des marchandises délaissées. Il était le commissionnaire, l'homme à tout faire et tout à tous.

Soldats de l'Argonne, Meusiens restés au pays, Meusiens réfugiés dans tous les coins de la France, aimaient en Mgr Ginisty, évêque de l'immortel Verdun, le plus vigilant des bienfaiteurs. Tantôt il était au front, encourageant les soldats ; tantôt, dans quelque village de l'arrière, il s'intéressait aux efforts tentés par des femmes, par des vieillards, par de petits enfants, pour faire refleurir sur beaucoup de ruines un peu de vie ; il s'attendrissait sur « le bœuf et l'âne, couple mal assorti, mais combien touchant, qui, d'un commun effort, creusaient le vieux sillon » ; il invoquait la protection de Dieu et la gratitude de la France pour ces laborieuses familles lorraines, « jetant les semences, quand même, dans un sol hâtivement préparé et parfois tout humide encore du sang des combats ». Partout à travers la France sa sollicitude faisait visiter les réfugiés de la Meuse, faisait quêter pour eux, apaisait leur nostalgie, consolidait leurs courages. Et l'un de ses prêtres, le curé d'Etain, dirigeant lui-même l'exode de ses six cents paroissiens, avisait, d'étape en étape, à leur ravitaillement, à leur hospitalisation en Beauce, à leur hospitalisation dans la Gironde.

Car la France avait dû refluer sur elle-même, et la frontière française, après une tragique oscillation entre la Marne et l'Aisne, entre le Parisis et la Picardie, était fixée, pour de longs mois qu'actuellement nos armes abrègent, en deçà des Ardennes, en deçà du Vermandois, en deçà de la Flandre et du Cambrésis. Mais dans ces douloureuses terres de l'au delà, que cachait la muraille allemande, d'autres prêtres, d'autres évêques souffraient. On sait d'eux peu de chose jusqu'ici. Les ténèbres qui nous enveloppent encore leur deuil ne sont cependant point assez opaques pour nous laisser ignorer qu'à Lille Mgr Charost se conduit au jour le jour en défenseur de la cité. On affirme qu'il sut, dès le début, se faire écouter de la *Kommandatur* allemande, et que sa dépendance d'otage, volontairement acceptée, donnait à son indépendance d'évêque un surcroît d'éclat. On ajoute que le fonctionnement de la vie municipale trouve en lui un actif auxiliaire et que les misères des prisonniers l'implorent volontiers comme consolateur et souvent comme avocat. Le jour, prochain sans doute, qui libérera les Lillois de leur servitude, les libérera de leur silence. Ils nous diront alors ce que fut cet évêque qui sut comprendre qu'en apparaissant comme otage aux côtés du préfet, du maire, du recteur, il renouvelait devant l'ennemi l'union de l'Eglise et des forces d'Etat.

VI

Partout en France cette union se réalisait : la place qu'avait prise le cardinal-archevêque de Paris, dès le début de la guerre, dans le *Comité du Secours national*, témoignait tout à la fois quelle aide l'Église tenait à prêter et quelle aide l'opinion attendait de l'Eglise. Les réfugiés des pays envahis trouvaient à Versailles, sous les auspices de l'*Action sociale* fondée par Mgr Gibier, des chambres non meublées, dont le mobilier, au fur et à mesure qu'ils les occupaient, était fourni par la charité publique. Nombreux étaient les diocèses où les détresses de la guerre provoquaient la fondation de comités catholiques, qui tantôt s'efforçaient, comme à Lyon, d'exercer une action autonome, et tantôt collaboraient à l'œuvre commune de soulagement et de réparation.

L'appel qu'adressait le ministre de la Guerre à l'initiative privée pour assurer à nos blessés des vêtements chauds en vue de l'hiver suscitait dans le diocèse d'Orléans, dès le mois de septembre 1914, un afflux de dévouements : l'initiative de Mgr.Touchet réclamait des dons en argent, des dons en nature, des travailleuses de bonne volonté, pour l'*Œuvre de l'Habit chaud*, et son éloquence les obtenait aussitôt. Le pays eût été surpris que l'Eglise ne donnât pas certaines consignes et n'esquissât pas certains gestes ; ceux qui jadis peut-être eussent été prompts à la renvoyer à ses liturgies et à la soupçonner d'indiscrètes ingérences étaient les premiers à trouver tout naturel que les divers évêques unissent leurs efforts à ceux de l'Etat, tantôt pour la collecte de l'or, tantôt pour le succès des emprunts nationaux ; et si, par discrétion, par crainte de se mêler des affaires publiques, les évêques s'étaient tus, leur silence eût été blâmé. Le désir qu'on avait de leur collaboration, l'accueil qui la récompensait apparaissaient comme un hommage public au pouvoir que l'Eglise gardait sur les consciences et au bon usage qu'elle faisait de ce pouvoir. « Il s'agit bien de dissentiments religieux, de querelles politiques, de rivalités personnelles ! écrivait le cardinal Sevin. France d'abord ! Unis dans la grandeur du péril, ayant appris à nous connaître et à nous estimer mutuellement, nous nous entendrons mieux demain pour l'équitable solution des graves problèmes que nous agitions hier. » Et le cardinal ajoutait : « A la victoire qui résoudra toutes les difficultés, l'emprunt est nécessaire. Ni la richesse ni le travail ne refuseront de s'y associer. Nous vous le demandons, catholiques, au nom de Dieu et de la France. » On remarquait aussi, dans les conseils de l'État, que le même prélat, par une consultation très motivée, donnait à ses prêtres le conseil formel de faire la déclaration des revenus qu'ils tiraient de leur sacerdoce. « En toutes circonstances, insistait-il, et spécialement dans celles où nous sommes, le clergé doit donner l'exemple. » L'homme d'Église qui parlait ainsi ne pouvait assurément être suspecté de coquetteries à l'endroit des autorités administratives : son attachement au crédit national, son geste d'adhésion à l'endroit des nouvelles lois fiscales étaient destinés à faire impression parmi les catholiques français, et lorsqu'ils voyaient Mgr Maurin, évêque de Grenoble, futur cardinal-archevêque de Lyon, inviter ses prêtres à se faire collecteurs de l'or, ils sentaient d'une façon plus aiguë le caractère impérieux des suggestions de l'État, auxquelles le clergé faisait si activement écho.

Il y avait, hélas ! d'autres catholiques, mal informés des choses de France et plus mal encore de celles d'Allemagne, sur lesquels l'Église de France devait tenter une action : c'étaient les habitants des pays neutres. « La France n'est indifférente à personne, écrivait le cardinal de Cabrières ; on ne peut que l'aimer ou la haïr. »

Un *Comité catholique de propagande française à l'étranger* s'organisa sous la présidence d'honneur des Cardinaux-archevêques de Paris et de Reims et de M. Denys Cochin, de l'Académie française. Mgr Baudrillart, recteur de l'Institut catholique de Paris, assuma la direction effective du Comité : sa notoriété d'historien, son prestige d'homme d'Église, le qualifiaient pour cette tâche émouvante. Sa première œuvre fut la publication d'un livre collectif : *La guerre allemande et le catholicisme*. L'émoi qu'il produisit au delà du Rhin rendit les catholiques « neutres » d'autant plus attentifs aux révélations qui s'y produisaient et aux leçons qui s'en dégageaient. L'Empereur allemand tint à protester personnellement, dans un télégramme rendu public, contre ces révélations et ces leçons. Mais elles survivaient à la colère impériale, comme elles survivaient aux essais de réfutation tentés ultérieurement par les publicistes Allemands, et l'ouvrage, suivant le mot de l'un d'entre eux, le professeur Finke, continua « sa marche triomphale à travers le monde «. Encouragé par le succès, le *Comité catholique* poursuivit sa campagne avec plus d'ardeur encore. Un second ouvrage, rédigé par des écrivains catholiques réputés et traduit dans les principales langues européennes — *L'Allemagne et les Alliés devant la conscience chrétienne* — vint corroborer les conclusions de *La Guerre allemande* et réduire à néant les affirmations des contradicteurs. A côté des livres, les brochures s'essaimaient : le *Comité* disséminait en tous pays un certain nombre d'opuscules de propagande, dont les signataires faisaient autorité. Ainsi s'éclairaient pour les esprits impartiaux, au delà de nos frontières, les aspects authentiques de la vraie France et les exactes dispositions du pangermanisme et de la *Kultur* allemande à l'endroit du catholicisme. Des neutres conquis à la cause des Alliés, comme J. Joergensen, l'illustre auteur de *Saint François d'Assise*, ou comme Francisco Melgar, l'écrivain carliste universellement estimé en Espagne, joignirent bientôt leurs voix à celle de nos compatriotes. *La Cloche Roland*, du premier, l'*Amende honorable*, du second, secouèrent en Europe beaucoup de consciences. Et Mgr Baudrillart, avec la netteté d'esprit de l'initiateur qui mesure le chemin parcouru et prépare de nouvelles conquêtes, résumait en trois points, dès le 24 mars 1916, dans une conférence qui fit grand bruit, le bilan de l'œuvre accomplie. « Nous avons d'abord, disait-il, ému l'opinion ; nous avons, en second lieu, inquiété les Allemands et transformé en défensive leur offensive jusque-là si hardie ; enfin, nous avons amené les catholiques des pays neutres à écouter nos raisons et à nous rendre justice sur plusieurs points. » Sans relâche, l'action du *Comité* s'est poursuivie, toujours plus méthodique, toujours plus intense, recueillant les hommages du monde officiel et de la presse de tous partis. Un voyage personnel de Mgr Baudrillart en Espagne accrut l'efficacité de cette patriotique campagne ; les conférences qu'il y multiplia donnèrent le branle au mouvement de sympathie cordiale, éclairée, qui récemment poussait vers Paris quelques-uns des représentants les plus éminents de la pensée espagnole.

Plusieurs évêques, avec leur autorité de pasteurs, s'efforçaient, à leur tour, en plein accord avec le Comité catholique, de dessiller les yeux des catholiques étrangers. Conservant sous le fracas des obus le loisir d'esprit nécessaire à la besogne théologique, Mgr Lobbedey trouvait dans le *Syllabus* du pape Pie IX la condamnation des maximes de violence au nom desquelles l'Allemagne s'érige au-dessus des lois. « Le droit consiste en un fait matériel, et tous les faits

humains ont force de droit », murmuraient déjà
certains philosophes aux oreilles de Pie IX, avant
que l'Allemagne de Bismarck, avant que l'Allemagne de Guillaume II, n'eût fait de ce principe
sa règle d'action; et Pie IX les condamnait. Il
frappait aussi, du haut de son magistère, d'autres
aventuriers de la pensée, qui osaient dire qu'il
n'était nullement nécessaire que les lois humaines
fussent conformes au droit naturel, et qui,
d'avance, légitimaient ainsi les crimes juridiques
multipliés par la conquête allemande. « La violation des serments les plus sacrés, continuaient-
ils, et toute action, même criminelle et scélérate
et opposée à la loi éternelle, non seulement n'est
pas blâmable, mais elle est tout à fait licite et
digne des plus grands éloges, quand elle est
inspirée par l'amour de la Patrie. » Et l'ana-
thème dont Pie IX avait frappé cette cynique
formule avait affermi les assises du vieux droit
des gens. Mais la Germanie, une fois de plus, se
révélait rétive aux avertissements de Rome; et
lorsque le professeur catholique Ebers, lorsque le
député catholique Erzberger, glorifiaient au nom
de leur patrie la criminelle violation de la neu-
tralité belge, Mgr Lobbedey leur opposait les
malédictions de l'Eglise contre les insulteurs du
droit. D'avance, elles s'étaient insurgées contre
eux, dans ce *Syllabus* dont une certaine « conscience moderne » s'était autrefois déclarée sur-
prise, et d'avance elles appuyaient les propres
soulèvements de cette conscience contre la barbarie de la *Kultur*, — issue d'une philosophie

pour laquelle on avait eu de si longues indulgences.

C'est à cette philosophie même que Mgr du Vauroux, évêque d'Agen (1), et Mgr Chapon, évêque de Nice, demandaient des comptes pour les gestes de l'Allemagne. L'article que Mgr Chapon publiait au *Correspondant* sur le pangermanisme (2) était l'occasion d'une façon de plébiscite épiscopal ; de presque tous les évêchés de France parvenaient à Nice des adhésions motivées, qui, par leur nombre et par leur poids, marquaient une sorte d'offensive de la hiérarchie française contre une certaine pensée d'outre-Rhin, mauvais arbre désormais jugé d'après ses fruits ; l'acte de l'évêque de Nice acquérait un tel rayonnement, que le verbe de Mgr Dupanloup semblait ressuscité ; et par l'organe de Mgr Chapon c'était, à proprement parler, la théologie traditionnelle qui apportait à la cause des Alliés, à la sainte cause du droit des gens lésé, l'appui de son inflexible rectitude.

La France s'est détachée de l'Église, objectaient à nos partisans, dans les pays neutres, certains catholiques qu'avait fourvoyés la propagande allemande ; mais le cardinal Sevin, archevêque de Lyon, prenait à son tour la parole.

Qu'est-ce que la culture allemande, demandait-il, — cette culture qu'on nous imposerait demain, si

(1) *Du subjectivisme allemand à la philosophie catholique* (Paris, Bloud).

(2) Article reproduit en tête du volume : *L'Allemagne et les Alliés devant la conscience chrétienne*, publié à la librairie Bloud par le Comité de propagande catholique.

nous étions vaincus ? Une civilisation qui a pour caractéristique essentielle la rupture d'avec Dieu, la rupture des idées d'avec Dieu, car elle ne les rattache plus à cette cause suprême ; la rupture des mœurs d'avec Dieu, car elle ne connaît d'autre loi que la force. Imagine-t-on rien de plus opposé au catholicisme ? Par la force des choses, la France reprend dans cette lutte de la civilisation allemande avec la civilisation chrétienne la place que quatorze siècles lui ont assignée aux côtés de Jésus-Christ.

Même avant cette lutte, d'ailleurs, ne l'avait-on pas trop diffamée, cette France ? C'est ce que concluait Mgr Mignot, archevêque d'Albi, dans l'une de ses trois lettres sur la guerre : « Si Dieu est négligé par un trop grand nombre, oublié par quelques-uns, méconnu et même nié par d'autres, où est-il aimé avec plus d'intensité, mieux servi qu'en France ? Dans quelle nation trouve-t-on plus de dévouement sous toutes les formes, plus de sacrifices consentis à la cause divine ? » Et afin de remontrer à certains catholiques des pays neutres l'absurdité politique de leurs sympathies pour la cause germanique, Mgr Mignot continuait :

Parce que, à la suite d'une déplorable erreur politique, le gouvernement français n'a plus, momentanément, de relations officielles avec la Papauté, on voudrait donner l'hégémonie religieuse, confier la défense de l'Église à un souverain qui hait le catholicisme, à un peuple qui crie : *Los von Rom !* L'empire d'Occident reconstitué deviendrait le Saint Empire Romain protestant? A quoi songent donc ces grands politiques ?

Il ne suffisait pas à l'Église de France de prêcher à ses fidèles leur devoir envers la patrie, et de porter témoignage devant l'étranger du bon renom qu'ils méritaient : ils souhaitaient et recevaient d'elle un autre genre de leçons.

Mgr Touchet, évêque d'Orléans, sentait qu'en présence des terrifiants événements dont l'Europe était à la fois l'ouvrière et le jouet, les âmes, interrogeant Dieu, l'interpellaient sur la guerre, et qu'interrogeant l'Église elles lui demandaient une doctrine ; et la bonté de Dieu, que certains inclinaient à nier, le droit chrétien des gens, que beaucoup ignoraient, réapparaissaient en une lumière nouvelle, dans son *Catéchisme de la guerre* (1). Pourquoi la guerre ? questionnaient certaines consciences. « La guerre est toujours une épreuve, — et quelquefois un châtiment », expliquait en termes nuancés Mgr de Cabrières. Déjà, lorsque d'autres barbares menaçaient la civilisation romaine, les Paul Orose, les Salvien, les saint Augustin, se faisaient les avocats de Dieu en répondant à ce « Pour-

____

(1) Paris, Lethielleux. Par ailleurs, son éloquence pénétrante, incisive, volontiers empreinte d'une familiarité de bon aloi qui de plain-pied trouve l'accès des âmes, rappelait aux infirmières des hôpitaux, dans des entretiens et dans des lettres devenues publiques, la dignité de leur métier et les vertus qu'exigeait cette dignité.

quoi le mal? pourquoi la mort? » Et l'Eglise de
répondre : « Pourquoi le péché? » Les leçons d'expiation que les âmes doivent subir, lors même
qu'elles sont rétives à les accepter, furent dévelop-
pées par l'épiscopat de France. Sous certaines
plumes âpres et précises, elles parurent dures à
quelques hommes politiques ; d'autres évêques au
contraire surent les rendre plus familières et plus
doucement persuasives. Les *Paroles de guerre* de
Mgr Gauthey, archevêque de Besançon, (1) faisaient
s'humilier les repentirs et s'exalter les vaillances.
Les pages sur la souffrance, que publia le cardinal
Amette, comptent parmi les réponses les plus apai-
santes que l'Église ait jamais offertes à l'angoisse
de pensée, suscitée par les angoisses du cœur.

Mgr de Gibergues, évêque de Valence, adaptait
aux détresses morales créées par la guerre la con-
solante vertu des prières coutumières ou des dévo-
tions traditionnelles, *Pater*, Rosaire, chemin de
croix ; les âmes déconcertées réapprenaient que le
Christ avait prévu et d'avance pansé toutes ces
souffrances, qui d'ailleurs, quelque lourd que fût
leur poids, demeureraient toujours inégales aux
siennes.

Mais ces souffrances avaient des compensations
glorieuses, dont l'une s'appelait la victoire de la
Marne : Mgr Gibier, évêque de Versailles, la commentait, et guidait avec une exacte précision
l'action de grâces française.

(1) Paris, Téqui.

L'histoire, disait-il, parlera comme nous du miracle de la Marne. Je m'explique. Le miracle absolu est un acte de la puissance divine qui supplée, supprime ou modifie l'action régulière des causes secondes. Telle n'est pas la victoire de la Marne. Le miracle relatif est un acte de la Providence divine qui dirige les causes secondes et leur fait produire, en certains cas, un résultat imprévu et inexpliqué. Telle est la victoire de la Marne. Malgré toutes les explications stratégiques, il y reste une part de mystère, qui est la part de Dieu.

Ainsi l'Eglise de France élevait-elle la voix pour le soulagement des misères, pour la prédication du devoir national, pour la défense du nom français, et pour donner, enfin, une interprétation religieuse aux événements tragiques que permettait Dieu. Mais le bruit que faisaient en France et dans le monde ces divers appels de l'Eglise de France était dominé par le retentissement de ses prières, — de ces autres appels qui montaient vers Dieu.

VII

Partout les évêques priaient, faisaient prier. « Pourvu que les civils tiennent ! » disaient là-bas au front nos poilus. Prier, c'est une façon de tenir, — une façon d'autant plus tenace que la prière est plus confiante, plus abandonnée. La foi qui se traduit en prières a la fermeté d'un acte de volonté : elle s'évade de tout découragement, elle repousse comme une impiété les tentations de désespoir. Périodiquement, au cours de la guerre, les évêques prescrivirent à la France des manifestations collectives de foi. Il y en eut une, à Paris, en l'honneur de sainte Geneviève, dans la semaine même où s'engageait la merveilleuse bataille de la Marne ; l'Eglise appelait à la rescousse de nos armées la patronne de Paris, et Charles Péguy, l'auteur de la *Tapisserie de sainte Geneviève*, eut le temps de pressentir sans doute, avant de tomber mort, que Geneviève venait à la rescousse et que la France vivrait. Lorsque le roi d'Angleterre fixa pour le peuple anglais un jour d' « humble prière et intercession, » durant lequel Dieu serait spécialement invoqué, l'épiscopat français invita les catholiques de France à coaliser leurs prières avec celles de leurs alliés et à prolonger au pied des autels l'Entente cordiale. Tantôt c'était aux enfants qu'on s'adressait pour qu'ils se fissent écouter du Très-Haut ; et tantôt des cérémonies s'organisaient sur la colline de Montmartre, pour consacrer la France souffrante au Cœur du Dieu qui souffrit. Les psychologues les plus rebelles à toute idée de surnaturel sont devenus, à notre époque, de trop subtils observateurs de l' « expérience religieuse » pour méconnaître la valeur de l'attitude d'âme que crée la prière et pour refuser à la prière collective un certain rôle dans l'énergétique humaine ; fussent-ils même enclins à croire que les cieux sont déserts, ils maintiendraient encore que, dans cet effort commun des âmes pour confier leurs angoisses et leurs vœux à une Puissance infinie, se révèle et se développe une certaine force sociale bienfaisante pour la terre ; et lors même que l'espoir qui vivifie la prière demeure pour eux une illusion, la maîtrise d'âme que la prière suppose leur paraît une discipline féconde. Les évêques qui ont fait prier la France méritent donc, non seulement la gratitude de ceux qui ont prié, mais la gratitude des autres.

Une de ces prières fit quelque bruit et suscita quelque émoi : ce fut celle du pape Benoît XV pour la paix. Benoît XV, désireux de « faire parler plus haut encore que le fracas des armes la voix de la foi, de l'espérance et de la charité », voulait que, de tous les points du vaste champ de bataille, s'élevât vers Dieu, murmurée par toutes les lèvres, une formule d'appel. On sentit quelque inquiétude dans les conseils du gouvernement : quelle était cette paix dont le Pape voulait parler ? D'aucuns affectaient de redouter que les âmes françaises ne comprissent mal et qu'une telle prière, au lieu d'apporter un renfort aux armées de la France, ne fût un geste de désarmement. Mais le cardinal-archevêque de Paris était là, interprète respectueusement assidu de la parole pontificale, et toujours prêt à saluer dans le Pape « le grand maître de la prière comme le grand maître de la doctrine ». Tous ses diocésains, ceux des paroisses séculaires et ceux des nombreuses paroisses nouvelles que sut créer en dix ans son admirable activité, apprirent de lui comment le Pape voulait qu'on priât. Disciple de la grande famille sulpicienne, à la fois si romaine et si française, il sut épanouir devant les consciences françaises le sens intégral du langage romain. La prudence pour lui n'est jamais une lenteur, elle est toujours une prévoyance : il sentit la minute critique, où des malentendus pouvaient surgir ; il sut dire aussitôt le mot qui clarifie tout en illuminant tout, et le commentaire archiépiscopal, acte précieux et mémorable, fit loi pour toute la France. L'Etat fit savoir qu'il était rassuré, et la prière des fidèles de France rejoignit celle du Père commun de tous les fidèles, avec la plus confiante docilité ; car ils savaient désormais que « les inspirations de la charité pontificale étaient d'accord avec les propres vœux de leur patriotisme ». « La paix que le Saint-Père nous invite à implorer de Dieu, insistait le cardinal, n'est pas une paix fausse, précaire, mais une paix vraie, solide et durable qui, selon la parole de nos Saints Livres, est l'œuvre de la justice, la paix qui suppose, qui exige le triomphe et le règne du droit. » Et de toutes les âmes qui avaient l'habitude de prier, et peut-être aussi de quelques autres, montèrent vers Dieu, à la voix du Pape et de l'Église de France, d'ardentes instances pour l'avènement d'une pareille paix.

Au mois de septembre 1916, la supplication est devenue plus pressante encore : elle a pris l'aspect d'un vœu, formulé, dans une lettre collective, par tous les évêques de France. Ils veulent, disent-ils dans cette lettre, « faire violence au Ciel en provoquant une manifestation de foi ». Et tous s'engagent à conduire à Lourdes, après la conclusion de la paix, un pèlerinage de leurs diocèses respectifs. La prière nationale est souhaitée par l'Église comme une nécessité sociale. Certains évêques ont élevé la voix pour réclamer la participation des pouvoirs publics à l'acte collectif de prière auquel sans cesse l'Église convie la France. Non pas qu'ils aspirent à des pompes officielles, toutes de façade, auxquelles manquerait cette spontanétité qui est l'un des éléments de la ferveur et l'une des puissances de la prière ; mais ils jugent souhaitable, en thèse, que l'état des esprits permette aux représentants légaux d'une nation de la représenter jusque devant Dieu. En tout état de cause, la France, aux yeux de l'Église de France, est un être qui doit prier : les catholiques qui prient et qui croient à la prière sont convoqués à Lourdes, pour le lendemain de la victoire, par l'unanimité de l'épiscopat ; et tous les évêques sont d'accord pour marquer d'un caractère national cette promesse de pèlerinage, qu'ils accompliront avec le pieux concours des âmes croyantes. Par un tel document, ils affirment, vis-à-vis de leurs ouailles et vis-à-vis des catholiques des pays neutres, la certitude où est l'épiscopat de France d'avoir bientôt des actions de grâces à rendre : c'est aider à la victoire, et c'est même l'accélérer, que de l'escompter avec cette sereine sécurité. Le nom du sanctuaire vers lequel s'ébranlera la France est familier à la piété universelle ; il était même très familier, dans les années qui précédèrent la guerre, à la piété catholique allemande ; et ce nom évoque dans toutes les pensées catholiques, à quelque nationalité qu'elles appartiennent, l'idée d'une certaine trame surnaturelle sur laquelle à travers les siècles s'est déroulée l'histoire de notre

France, élue comme terre de miracles par les complaisances divines. A l'arrière-plan du geste épiscopal qui commande la prière française, surgit tout un passé de grâces qui garantit à la France un avenir de grâces ; et pendant qu'au jour le jour l'histoire nationale enregistre l'aide quotidienne que se donne la France, l'épiscopat développe les raisons surnaturelles de compter sur l'aide de Dieu, et de la mériter, et de la célébrer.

Voilà vingt-huit mois que la guerre se prolonge, et depuis vingt-huit mois l'Église de France s'est intimement mêlée à la vie du pays, à la vie du front, où l'on se bat, à la vie de l'arrière, où l'on « tient ». Elle est théoriquement séparée de l'État, théoriquement l'État l'ignore ; mais ce sont là des abstractions qui, sous la pression des faits, dépouillent quelque chose de leur rigidité. L'Église de France, au cours de cette guerre, a pu mesurer elle-même et faire mesurer aux Français la place qu'elle occupe dans la vie nationale. Il a suffi qu'un homme d'État, quels que fussent ses propres sentiments, trouvât ou prononçât le mot d'*Union sacrée*, pour que, du jour au lendemain, l'Église, en un certain nombre d'endroits, fût invitée à redevenir la collaboratrice normale de la bienfaisance officielle, et pour qu'ouvertement elle invitât ses fidèles à répondre avec une sollicitude particulièrement docile aux appels fiscaux de l'État. Il y avait quelque péril pour l'Eglise à paraître s'intéresser aussi activement aux souscriptions des emprunts. Un rumeur cheminait d'après laquelle c'étaient les curés qui avaient fait la guerre, rumeur inique, qu'enrayaient malaisément certains préfets courageux. Les curés, en faisant souscrire, s'exposaient à entendre dire qu'ils cherchaient maintenant à prolonger la guerre : et cela a été dit. Mais cette autre rumeur, qui voulait être infamante et qui n'était qu'infâme, vient d'être couverte par la voix même de l'État. « Dans cet emprunt comme dans les précédents, a déclaré M. Ribot, ministre des Finances, le 9 novembre 1916, le clergé français s'est honoré en apportant spontanément, quand le Gouvernement ne lui demandait rien, sa contribution, ainsi que son concours le plus complet et le plus énergique. »

Le témoignage est formel, il atteste le souci permanent qu'eut l'Église de France de remplir tout son devoir envers l'Etat et de conformer ainsi sa conduite aux exigences de l'*Union sacrée*. Et sous aucunes plumes peut-être, la nécessité de cette Union et de son maintien après la guerre n'est affirmée d'une façon plus pressante que sous certaines plumes épiscopales. « L'effrayante mêlée qui confond dans les rangs de l'armée les âges, les aptitudes, les carrières, les fonctions publiques et privées, écrit le cardinal de Cabrières, produira une union, une unité nationale, plus belles, plus puissantes que jamais, et dans lesquelles s'épanouiront à nouveau les qualités qu'il a plu à Dieu de donner à notre race, relevées encore par des ambitions plus nobles et plus généreuses. » Et le cardinal désire que ses prêtres ne craignent pas de « faire entrevoir aux autres Français, dans ce qui se passe en ce moment, l'image de ce que serait la France, si l'*Union sacrée* exigée par la guerre, et acceptée si loyalement par tous les bons citoyens, se perpétuait après la paix. »

« L'*Union sacrée*, dit, de son côté, Mgr Péchenard, évêque de Soissons, s'inspire de la nature elle-même : elle n'est pas autre que celle des enfants d'une même famille. Réjouissons-nous de ce que ce principe fondamental de toute société ait été de nouveau reconnu et acclamé parmi nous. »

L'Église maîtresse d'ordre, d'un ordre fondé par la justice, sait qu'à la faveur d'un tel ordre l'union règne ; et dans les hommages qu'elle rend à l'*Union sacrée*, il y a plus et mieux qu'une tactique politique du moment, il y a toute une morale sociale, et toute une doctrine séculaire, visant à la concorde civique par l'harmonie des âmes.

418. — Imprimerie Artistique « Lux ». 131, boulevard Saint-Michel, Paris

BLOUD & GAY, Éditeurs, 7, place Saint=Sulpice, Paris (6°)

Dans les Flandres, par Bertrand DE LAFLOTTE. Préface de M. le Bâtonnier HENRI-ROBERT. Un volume in-16, broché. 3 50

L'Espagne et la Guerre, par X... *rédacteur au Correspondant*. Un volume in-16, broché. 3 50

Fastes militaires des Belges, par Maurice DES OMBIAUX. Préface de M. Henri CARTON DE WIART, *Ministre de la Justice*. Un volume in-16, broché . . . 3 50

La Cloche « Roland ». Les Allemands et la Belgique, par Johannes JOERGENSEN. 3 50

Les Barbares à la Trouée des Vosges. *Récits des témoins*, par Louis COLIN. Préface de Maurice BARRÈS. Un volume in-16, broché, illustré 3 50

Le Drame de Senlis, par le baron A. DE MARICOURT. Un volume in-16, broché, illustré. 3 50

La Résistance de la Belgique envahie, par Maurice DES OMBIAUX. Lettre-Préface de M. DE BROQUEVILLE, président du Conseil. Un volume in-16, broché. . . 3 50

Aux Armées d'Italie, par Jules DESTRÉE et Richard DUPIERREUX. Un volume in-16, broché. 1 50

Blessé, Captif, Délivré. *Mémoires de guerre*, par le vicomte Hubert DE LARMANDIE. Préface du général MALLETERRE. Un volume in-16, broché, illustré . . . 3 50

Souvenirs d'un Otage, par Georges DESSON. Préface de SERGE-BASSET. Un volume in-16, broché, illustré. 2 50

Journal d'une Infirmière d'Arras, par Mme Emmanuel COLOMBEL. Préface de Mgr LOBBEDEY, évêque d'Arras. Un volume in-16, broché, illustré 2 50

Reliques sacrées. *Lettres ouvertes sur des tombes*, par Louis COLIN. Un volume in-8, broché, illustré. 3 »

Les Chants du Coq Gaulois. Paroles et musique par Henri COLAS. Un volume in-8, broché. . . . . . . 4 »

Dans l'espoir de la revanche. Pages patriotiques de François COPPÉE. Préface de Jean MONVAL. Un vol. in-16, broché 3 50

Discours à l'Hôpital, par Frédéric MASSON, de l'Académie française. Un volume in-16, broché. 1 50

www.ingramcontent.com/pod-product-compliance
Lightning Source LLC
Chambersburg PA
CBHW061802050726
47598CB00002B/834